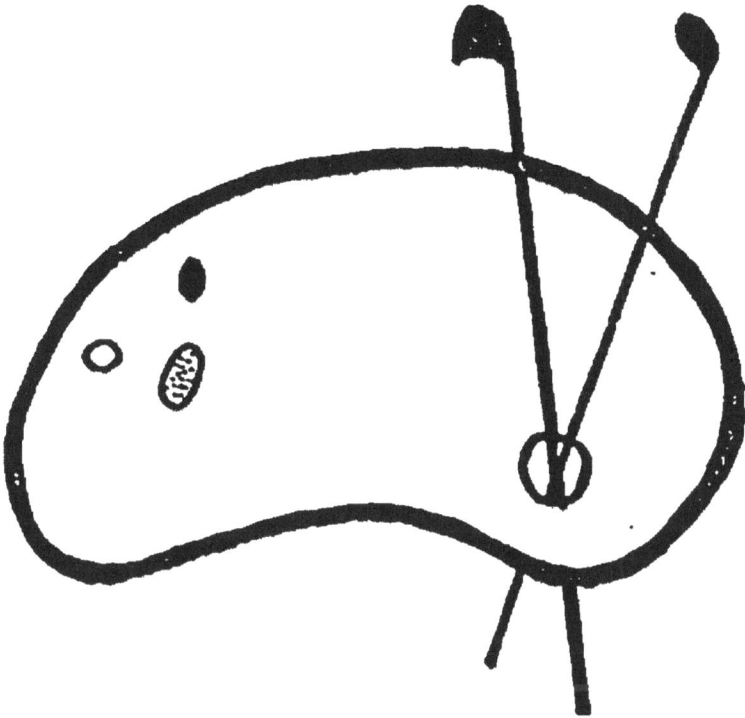

DEBUT D'UNE SERIE DE DOCUMENTS
EN COULEUR

G. DARESSY

LES

TOMBES DE MOALLA

Communication faite à l'Institut égyptien dans la séance du 11 Janvier 1895.

LE CAIRE

IMPRIMERIE NATIONALE

1895

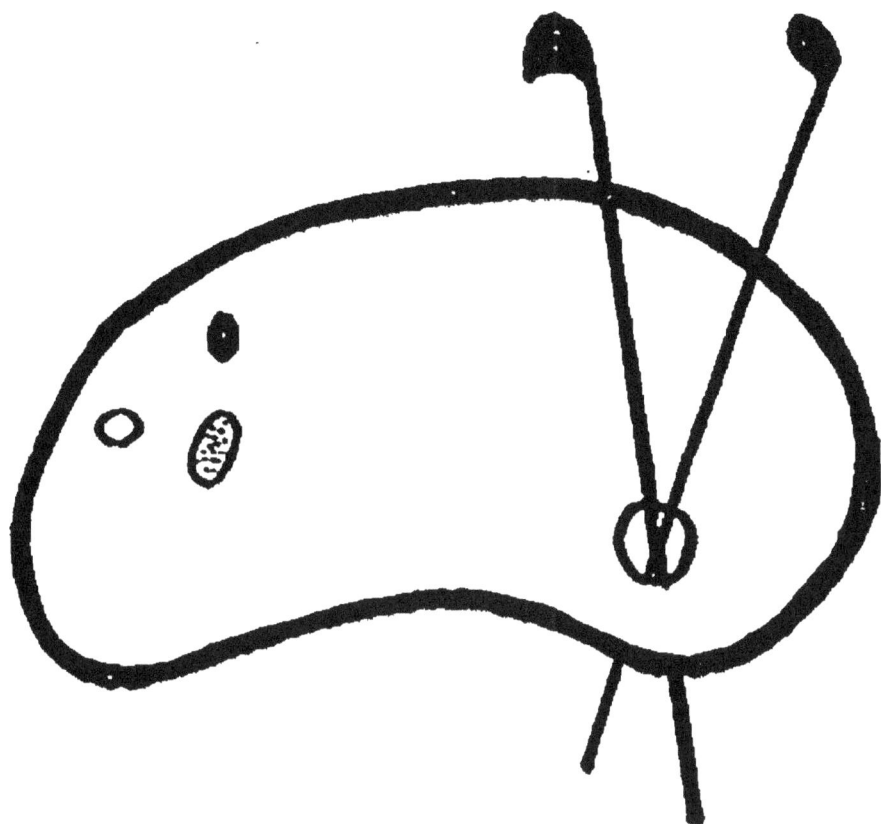

FIN D'UNE SERIE DE DOCUMENTS
EN COULEUR

G. DARESSY

LES

TOMBES DE MOALLA

Communication faite à l'Institut égyptien dans la séance du 11 Janvier 1895.

LE CAIRE

IMPRIMERIE NATIONALE

1895.

LES TOMBES DE MOALLA

Dès l'année 1888 j'avais remarqué dans la montagne de Dababieh, en face de Gebelein, des enceintes en pierres amoncelées dans des endroits parsemés de tessons de poterie ancienne. J'avais remis à plus 'ard l'exploration de ces monuments ; en 1892 je leur fis une nouvelle visite, sans avoir encore le loisir de les étudier en détail.

Sur ces entrefaites, M. Floyer découvrait à Moalla, à quelques kilomètres au sud de Dababieh des monuments analogues sur lesquels il attirait l'attention des archéologues. Sur l'aimable invitation de M. Floyer et profitant de mon séjour à Gournah, presque dans le voisinage des localités en question, je viens de faire une visite aux restes anciens signalés par mon érudit confrère.

Sur la rive droite du fleuve, dans toute la région qui s'étend du sud de Salamieh au Cheikh Ismaïl, en face de Matana, la montagne est assez rapprochée du Nil ; le massif principal élevé d'environ 250 mètres est précédé de contreforts et de mamelons isolés beaucoup moins élevés qui s'avancent jusqu'à quelques centaines de mètres de la rive. C'est surtout dans ces ondulations de terrain que l'on exploite la *tafla maroug* dont l'importance agricole a été signalée par M. Floyer ; c'est dans cette même partie que l'on trouve les monuments qui nous intéressent.

Bien que dispersés dans toutes les collines, on peut distinguer trois groupes principaux : Sheikh Ismaïl au sud, Moalla au centre, Dababieh au nord. Sur ces trois points les monuments ne se présentent pas sous le même aspect. A Moalla on ne voit que la forme la plus complète : une enceinte fermée ronde ou elliptique, de 2 à 5 mètres de diamètre, formée de grosses pierres amoncelées avec un remplissage en pierres plus petites (*v. fig. 1*). Le mur a de 0ᵐ 50 à 1ᵐ 25 d'épaisseur au sommet, avec 1 mètre de hauteur environ. Le centre est creux et s'est rempli de sable. Le plus souvent le tumulus est isolé, parfois deux ou plusieurs se soudent les uns aux autres.

A Cheikh Ismaïl et Dababieh, la forme circulaire se rencontre plus rarement ; les monuments affectent plutôt l'aspect de chambres de 2 à 3 mètres de côté, vaguement carrées ou rectangulaires, dont les murs seraient composés de pierres empilées sans mortier (v. fig. 2). Une porte étroite, placée indifféremment sur un quelconque des côtés, donne parfois accès dans l'enceinte ; d'autres fois, il n'y a aucune brèche dans les murs. De même qu'à Moalla ces enclos sont tantôt isolés, tantôt groupés.

En présence de ces monuments, certainement anciens, une double question se pose : à quoi ont-ils servi, à quelle époque remonte leur construction ?

Il est certain qu'à Moalla les enceintes fermées servaient de tombeaux. Beaucoup ont été ouverts et des ossements humains en ont été extraits. La fosse était peu profonde, à peine creusée dans le sol ; parfois des pierres plates, disposées dans le fond du cirque, couvraient en partie le corps ; mais ce dallage ne se rencontre qu'exceptionnellement. Aucun fragment de pierre ouvragée, de bois, d'étoffe, n'indique que les corps aient été enfermés dans des sarcophages ou même revêtus de linceuls. Dans les deux autres localités, plus éloignées des villages actuellement habités, je n'ai pas remarqué de tombes violées, aucun ossement n'était visible. La forme particulière, rencontrée sur ces lieux, laissait prise à un doute : fallait-il voir dans ces chambres des maisons ou des sépultures ? Si c'étaient des habitations, elles auraient été bien incommodes : on n'aurait pu y rentrer qu'en rampant en admettant qu'elles aient eu un toit, ce qui était très problématique, vu l'absence de fragments de bois ou de *gerid* ayant pu servir à couvrir les huttes ; d'autre part on ne voyait aucun bloc de limon montrant que les amoncellements de pierres aient été surélevés par des murs en terre.

La question me paraît résolue en faveur de la sépulture. Les tombes modernes de beaucoup de villages de la Haute-Egypte, et de Kom-el-Bayrat, près de Medinet-Habou, notamment présentent les mêmes formes que celles de la région de Moalla, seulement elles sont en terre au lieu d'être en pierres. On retrouve les encein-

tes circulaires et les pièces carrées, y compris la porte accom-
pa née de montants plus élevés que le reste du mur (*fig. 3 et 4*).
Les gens du pays, interrogés sur la différence qu'il pouvait y avoir
dans l'emploi de ces deux modèles de tombes, n'ont pu me donner
aucun renseignement ; on emploie indistinctement l'un ou l'autre.
Les tombeaux sont également séparés ou groupés; les sépultures
des personnages importants, des cheikhs el Beled, sont distinguées
par une image en terre se dressant au milieu de l'enceinte, représentant grossièrement un cheval.

On ne se rend pas bien compte de la raison qui a pu conduire les
constructeurs des tombeaux de Moalla à disséminer les morts sur
une étendue aussi vaste, à placer les uns dans la vallée, les autres sur
la montagne. Aucun soin n'a, du reste, été apporté dans le choix
des emplacements : beaucoup sont dans le lit même des torrents ;
au moindre orage, l'eau s'emmagasine dans ces enceintes, et les
corps ont dû être vite réduits à l'état de squelette.

Sur la seconde question, celle de savoir à quelle époque on doit
attribuer ces sépultures, on ne peut avoir d'indications qu'au moyen
des poteries dont on rencontre des quantités de fragments près de
toutes ces tombes, soit qu'on ait intentionnellement jeté la vaisselle
du défunt, soit qu'on ait déposé des aliments près des morts et que
les récipients aient été brisés au cours des siècles. Je soumets à
l'examen de l'Institut égyptien quelques spécimens recueillis à
Moalla.

A première vue on reconnaît que cette poterie n'est pas pharao-
nique. La ville antique qui s'élevait près de Moalla et portait le
nom de Hef, Hefa, Pa-hef, paraît avoir eu une certaine importance sous le Moyen Empire. Quelques tombes de cette période, qui
se trouvent dans les mamelons les plus rapprochés du fleuve, ont
été fouillées par le musée en 1885 et 1886. A Paris, au Louvre se
trouve une statue en granit représentant Sebakhotep de la XIIIme
dynastie, dont les inscriptions mentionnent cette ville. Or, à cette
époque, la poterie ordinaire était épaisse, grossière ; la poterie fine
était soit rouge, soit grisâtre avec des ornements bruns: lignes en
losanges, spirales, personnages, oiseaux, barques, etc. Aucun des
traits de la céramique de cette époque n'est commun avec les spécimens recueillis sur les tombes. On ne trouve également aucun

rapprochement à faire avec les poteries du Nouvel Empire, pendant lequel la ville d'Hefa paraît avoir eu une existence assez obscure. Il faut descendre en deça de l'ère chrétienne pour trouver des produits analogues.

Les Romains employèrent beaucoup une poterie rouge foncé analogue à celle qui se fabrique encore actuellement à Siout et à Assouan (v. spec. 1 et 2). Les fragments n'en sont pas rares, ainsi que les débris de vases et d'emphores à fond pointu, à extérieur ondulé. Ce qui est plus caractéristique de l'époque ce sont les poteries rouge-clair recouvertes en totalité ou en partie d'une couleur jaune, et l'ornementation au moyen de points et de lignes concentriques (v. 3 à 6). On peut voir des échantillons similaires (fig. 5 et 6) dans la salle copte du musée de Guizeh. D'autre part, le déblaiement du temple de Louxor m'a montré qu'au moyen âge on n'employait plus guère que des poteries en terre de Keneh (comme les gargoulettes) ou des vases en terre cuite épais, irréguliers, mal cuits pour les usages communs.

Ces considérations me portent à placer l'époque de construction des tombes à ce moment où le christianisme et l'islamisme étaient en présence avec les sectateurs des deux religions en nombre presque égal. Or on a trouvé des tombeaux coptes en bordure des terrains cultivés, près des caveaux de la XIe dynastie. Les cadavres étaient recouverts de nombreuses étoffes, quelques-unes brodées comme celles trouvées à Akhmim et au Fayoum, ce qui établit un contraste avec la nudité absolue des squelettes trouvés dans les tombes de la montagne. Cette simplicité se rapproche au contraire de celle observée encore dans les enterrements musulmans. Un petit pot renfermait encore, quand je l'ai trouvé, un noyau de datte, (fig. 7) ce qui rappelle l'usage des habitants de la Haute-Egypte de déposer un peu de nourriture près des morts.

Les coptes multipliaient sur leur poterie les emblèmes religieux, figures de saints, croix, etc. Les fragments ramassés à Moalia ne présentent aucun ornement de ce genre; une seule fois, à Dababieh, j'ai trouvé une croix copte estampillée sous une coupe. Cette rencontre m'avait fait penser que les tombes auraient pu appartenir à des cénobites Mais à l'époque à laquelle nous conduit l'examen des poteries, l'âge du grand développement de la vie monastique était passé ; j'ai abandonné l'idée d'attribuer aux coptes ce vaste champ funéraire, la présence de cette croix unique au milieu de milliers de débris sans ornements chrétiens est une anomalie.

Cet ensemble de faits m'a conduit à admettre que les cimetières de Dababieh, de Moalla, de Cheikh Ismaïl datent du VIIme au XIIme siècle de notre ère et appartiennent aux Arabes, qui, se rappelant de leur origine et attirés par la solitude, ont voulu que leurs morts reposassent dans la montagne, tandis que les coptes, leurs contemporains, plus attachés à la terre qu'ils cultivaient ont simplement déposé les leurs à la lisière du désert. Quelques fouilles méthodiques pratiquées dans ces sépultures pourraient seules apporter des documents décisifs à l'appui des hypothèses qu'on ne peut encore qu'émettre.

G. DARESSY.

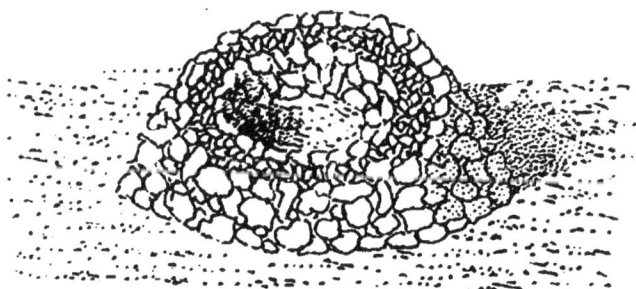

Fig. 1

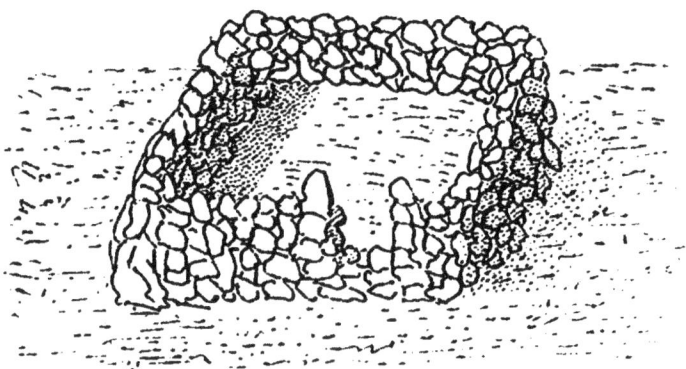

Fig. 2

Fig. 3

Fig. 4

Fig. 5

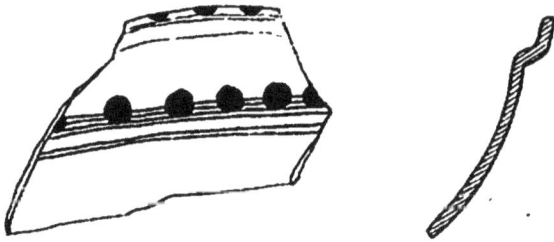

Fig. 6

Fig. 7

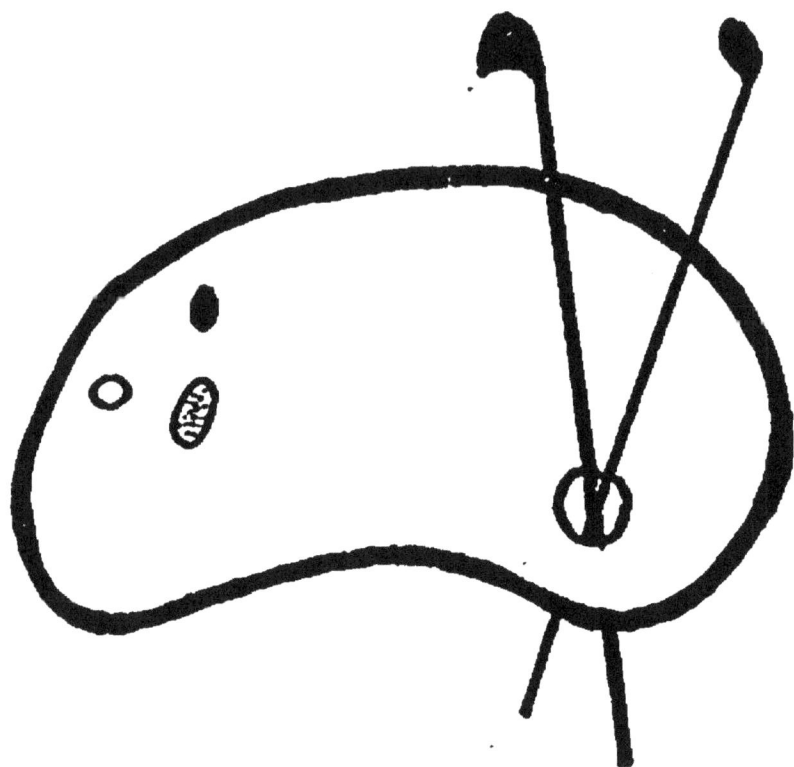

ORIGINAL EN COULEUR
NF Z 43-120-8

www.ingramcontent.com/pod-product-compliance
Lightning Source LLC
Chambersburg PA
CBHW061806040426
42447CB00011B/2511